Inhalt

Das Arbeitnehmerüberlassungsgesetz (AÜG) - Rechte von Leiharbeitnehmern

Kernthesen

Beitrag

Fallbeispiele

Weiterführende Literatur

Impressum

Das Arbeitnehmerüberlassung (AÜG) - Rechte von Leiharbeitnehmern

I. Lukmann

Kernthesen

- Arbeitnehmerüberlassung beziehungsweise Zeitarbeit ist in Deutschland seit über 40 Jahren ein fester Bestandteil für Unternehmen in Industrie und Wirtschaft geworden. (1)
- Im Rahmen der so genannten flexiblen Personaleinsatzplanung hat die Zeitarbeit in Unternehmen zunehmend an Bedeutung gewonnen. (8)
- Die Änderungen im

Arbeitnehmerüberlassungsgesetz zielen darauf ab, in Zukunft die Zeitarbeit als arbeitsmarktpolitisches Instrument deutlich stärker zu fördern, um hierdurch die in Deutschland ansteigenden Arbeitslosenzahlen nachhaltig senken zu helfen. (3), (4)

Beitrag

Die Zahl der Leiharbeiter nimmt in Deutschland weiter zu. Mit den Vorschlägen der Hartz-Kommission soll dies noch weiter gefördert werden.

Die Zeitarbeit beziehungsweise Arbeitnehmerüberlassung ist durch das so genannte Arbeitnehmerüberlassungsgesetz (AÜG) geregelt. Grundsätzlich haben Personaldienstleister dem Gesetz zufolge gegenüber dem Leiharbeitnehmer alle Rechte und Pflichten eines konventionellen Arbeitgebers. Allerdings arbeiten Leiharbeitnehmer in der Regel nicht in dem Betrieb des Personaldienstleisters (dem Verleiher), sondern stellen ihre Arbeitskraft einem anderen (Kunden-)Unternehmen zur Verfügung (Entleiher).

Es besteht daher eine so genannte trianguläre Beziehung. Hierbei wird die Erbringung der

Arbeitsleistung nicht im Unternehmen des direkten Arbeitgebers erbracht, da der Leiharbeitnehmer im Grunde zwei Organisationen zur gleichen Zeit angehört. Mit dem oben erwähnten Verleiher wird ein Arbeitsvertrag geschlossen. Im Anschluss daran wird der nun im Zeitarbeitsunternehmen angestellte Leiharbeitnehmer an ein entleihendes Unternehmen für einen befristeten Zeitraum überlassen. Für diesen Zweck schließt das Zeitarbeitunternehmen mit dem Kundenunternehmen einen so genannten Arbeitnehmerüberlassungsvertrag. Das heißt, dass im Grunde zwei Verträge - zwischen Leiharbeitnehmer und Zeitarbeitsunternehmen und zwischen Kundenunternehmen und Zeitarbeitsunternehmen - geschlossen werden, hierbei jedoch keine arbeitsvertragliche Regelung zwischen Leiharbeitnehmer und Kundenunternehmen nötig wird. (3), (4)

Grauzone Zeitarbeit

Bis 1972 gab es in der Bundesrepublik Deutschland noch keine gesetzlichen Regelungen für die Überlassung von Zeitarbeitskräften. Im Rahmen des ersten speziellen Arbeitnehmerüberlassungsgesetzes wurden die ersten Rahmenbedingungen für den Verleih von Arbeitskräften vom Bundestag auf den

Weg gebracht. Dabei war der Verleih von Arbeitskräften noch sehr stark reglementiert. So durften beispielsweise Zeitarbeitnehmer nicht länger als drei Monate an ein Verleihbetrieb überlassen werden. (1), (2)

Grundlegende Voraussetzungen von Zeitarbeitsunternehmen

Personaldienstleister müssen einige Vorgaben erfüllen, um ihre Arbeitnehmer an Kundenbetriebe überlassen zu dürfen. Hierzu gehören beispielsweise:

-Eine Erlaubnis zur Arbeitnehmerüberlassung erstellt von der jeweiligen Regionaldirektion der Bundesagentur für Arbeit.

-Ein schriftlicher Arbeitsvertrag zwischen dem Personaldienstleister und dem Leiharbeitnehmer mit allen üblichen arbeitsvertraglichen Bestandteilen wie Lohnzahlung, Sozialabgaben, Entgeltfortzahlung bei Krankheit und Urlaubs- sowie Weihnachtsgeld.

-Zeitarbeitnehmer erhalten auch in der verleihfreien Zeit weiterhin ihr Arbeitsentgelt. (3)

Wesentliche Änderungen und Neuregelungen des Arbeitnehmerüberlassungsgesetzes

Infolge der Vorschläge der Hartz-Kommission ist das Arbeitnehmerüberlassungsgesetz mit einigen Änderungen angereichert und erweitert worden, die im Rahmen des „Ersten Gesetzes über moderne Dienstleistungen am Arbeitsmarkt" seit dem 1. Januar 2004 eingeführt worden sind. Der Hartz-Kommission zufolge soll Zeitarbeit auf diese Weise verstärkt als arbeitsmarktpolitisches Instrument gefördert werden, um so die ansteigenden Arbeitslosenzahlen in Deutschland mittelfristig bekämpfen zu können.

Im Wesentlichen sind die Änderungen im „Ersten Gesetz über moderne Dienstleistungen am Arbeitsmarkt" vor allem Deregulierungs- und Liberalisierungsmaßnahmen wie beispielsweise die Beschäftigungshöchstdauer eines Leiharbeitnehmers. Das so genannte Synchronisierungsverbot, welches bislang das Verbot der Übereinstimmung der Gesamtbeschäftigungsdauer des Zeitarbeitnehmers mit der Dauer der Einzelüberlassung geregelt hat, ist ebenso aufgehoben worden wie das spezielle Befristungsverbot für Arbeitsverträge mit Zeitarbeitnehmern.

Dagegen ist das so genannte Equal-Pay, welches bereits im Job-AQTIV Gesetz verankert ist, zusätzlich verstärkt worden. Die bisherige Regelung, dass ein Zeitarbeitnehmer ab dem dreizehnten Monat der Überlassung im Verleihbetrieb einen Anspruch auf die Lohn- und Arbeitsbedingungen eines vergleichbaren im Betrieb tätigen Arbeitnehmers im entleihenden Unternehmen hat, ist gestrichen worden. Nach dem Gleichbehandlungsgrundsatz erlangt ein Zeitarbeitnehmer bereits zu Beginn der Beschäftigung diesen Anspruch. Ausnahmen sind in § 3 Abs. 1 Nr. 3 AÜG und § 9 Nr. 2 AÜG geregelt. So gibt es beispielsweise die Sonderregelung, dass während der ersten sechs Wochen dieser Grundsatz ausgesetzt werden kann, wenn Arbeitslose vom Verleiher eingestellt werden. Diese erhalten dann ein Nettoarbeitsentgelt, welches mindestens der Höhe des bisherigen Arbeitslosengeldes entspricht. Wiederholungen dieser Ausnahmeregelung für Folgeeinsätze sind jedoch ausgeschlossen.

Da gesetzlich der so genannte Gleichstellungsgrundsatz gilt, ist grundsätzlich ein Zeitarbeitnehmer den Beschäftigten im Entleihbetrieb gleichzustellen, es sei denn, es kann ein entsprechender Tarifvertrag an dessen Stelle angewendet werden was die zweite Ausnahmeregelung des vorliegenden Gesetzes darstellt. Tarifvertraglich können vor allem Vereinbarungen hinsichtlich der Höhe des Arbeitsentgelts getroffen werden. (3), (4)

Zusammenschluss von Arbeitgeberverbänden

Viele Zeitarbeitsfirmen haben sich in Folge der gesetzlichen Neuerungen zu Arbeitgeberverbänden zusammengeschlossen. Die drei größten sind zum einen der Bundesverband Zeitarbeit - Personaldienstleistungen (BZA), der Interessenverband Deutscher Zeitarbeitsunternehmen (IGZ) und der Arbeitgeberverband mittelständischer Personaldienstleister (AMP). (3)

Fallbeispiele

Die Arbeitnehmerüberlassung stellt eine reelle Alternative zu den so genannten Minijobs dar. Beispielsweise werden im Handel wegen der längeren Öffnungszeiten oft mit so genannten Minijobbern

Personalengpässe ausgeglichen. Personalengpässe, die aufgrund von Krankheit, Urlaub oder Inventurarbeiten gegebenenfalls anfallen, können kurzfristig und sehr flexibel mit Hilfe von Zeitarbeitsunternehmen ausgeglichen werden. (7)

Eine Verfassungsbeschwerde einiger Zeitarbeitsunternehmen und Arbeitgeberverbände beim Bundesverfassungsgericht hat ergeben, dass das reformierte Arbeitnehmerüberlassungsgesetz die Vertrags- und Berufsfreiheit der Arbeitgeber nicht wesentlich einschränkt. Die Neuregelungen im Gesetz zielen in erster Linie auf die Berufsfreiheit von Zeitarbeitnehmern ab, das heißt, ihre Stellung gegenüber anderen Mitarbeitern im Kundenunternehmen wird gestärkt. Mit der gesetzlichen Regelung der Tariföffnung ist nach Ansicht der Richter des Bundesverfassungsgerichtes ausreichender Raum für branchenspezifische Regelungen gegeben. (5)

Weiterführende Literatur

(1) Personaldienstleister schaffen neue Jobs Zeitarbeit ist für Angestellte und Arbeitgeber interessant / Bindan als Erfinder der Arbeitnehmerüberlassung aus Frankfurter Rundschau v. 30.04.2005, S.53

(2) Flaig, Imelda, Zeitarbeit als Sprungbrett für den

festen Job, Die Branche hat das Schmuddel-Image hinter sich gelassen und bekommt immer mehr Zulauf, Stuttgarter Nachrichten, 16.07.2005, S. 11
aus Frankfurter Rundschau v. 30.04.2005, S.53

(3) O.V., Wichtig für Arbeitnehmer, Stuttgarter Nachrichten, 16.07.2005, S. 11
aus Frankfurter Rundschau v. 30.04.2005, S.53

(4) Equal-Pay - Das Ende der Zeitarbeit? - Eine ökonomische Analyse der Wirkungen des Urteils des Bundesverfassungsgerichts zur Zeitarbeit(1)
aus Sozialer Fortschritt, Heft 4/2005, S. 97 - 103

(5) Bundesverfassungsgericht stärkt Leiharbeiter
aus Financial Times Deutschland vom 11.01.2005, Seite 29

(6) Verfassungsrichter weisen Beschwerden gegen Zeitarbeitsgesetz zurück
aus Frankfurter Allgemeine Zeitung, 06.01.2005, Nr. 4, S. 11

(7) Alternative zum Minijob?
aus afz - allgemeine fleischer zeitung Nr. 07 vom 16.02.2005 Seite 011

(8) äOffene Stellen werden nicht schnell genug besetztô Manpower-Chef Thomas Reitz bemängelt Personaleinsatz und Vermittlung in Deutschland / Zeitarbeit soll noch flexibler werden
aus Frankfurter Rundschau v. 29.07.2005, S.13,

Ausgabe: S Stadt

(9) Zeitarbeit verdrängt reguläre Beschäftigung Ein Viertel der Betriebe tauscht laut repräsentativer Studie Angestellte gegen Zeitarbeiter aus · Kaum Brückenfunktion zu echten Jobs
aus Financial Times Deutschland vom 09.06.2005, Seite 12

Impressum

Das Arbeitnehmerüberlassungsgesetz (AÜG) - Rechte von Leiharbeitnehmern

Bibliografische Information der deutschen Nationalbibliothek

Die Deutsche Nationalbibliothek verzeichnet diese Publikation in der deutschen Nationalbibliografie; detaillierte bibliografische Daten sind im Internet über http://dnb.d-nb.de abrufbar.

ISBN: 978-3-7379-1731-5

© 2015 GBI-Genios Deutsche Wirtschaftsdatenbank GmbH, Freischützstraße 96, 81927 München, www.genios.de

Alle Rechte vorbehalten. Dieses Werk ist einschließlich aller seiner Teile – z.B. Texte, Tabellen und Grafiken - urheberrechtlich geschützt. Jede Verwertung außerhalb der Grenzen des Urheberrechtsgesetzes bedarf der vorherigen Zustimmung des Verlags. Dies gilt insbesondere auch für auszugsweise Nachdrucke, fotomechanische Vervielfältigungen (Fotokopie/Mikroskopie), Übersetzungen, Auswertungen durch Datenbanken oder ähnliche Einrichtungen und die Einspeicherung und Verarbeitung in elektronischen Systemen.